Wenn Du Dich für Computer, ihre Funktions- und Arbeitsweise interessierst, aber Dich durch ihre Schwierigkeit entmutigt fühlst, solltest Du dieses Buch lesen. Es behandelt die Grundregeln so einfach wie möglich und vertieft sich nicht zu sehr in die Elektronik. Die Zusammenstellung eines sorgfältig geschriebenen Textes mit aufschlußreichen Abbildungen sollte älteren Schülern ein gutes Elementarwissen über Computer und ihre Funktionsweise vermitteln.

Um den Text in diesem Buch zu setzen, ist die neue Technologie der Setzmaschine ''Lasercomp'' angewandt worden. ''Lasercomp'' ist eine moderne, computerüberwachte Hochgeschwindigkeits – Photosatzmaschine, die digitalisierte Zeichen und einen Laserstrahl zur Zeichendefinition benutzt. Sie ist weltweit das einzige System dieser Art.

Lizenzausgabe mit Genehmigung des Ladybird-Verlages
© LADYBIRD BOOKS LTD MCMLXXXIX
Gesamtdeutsche Rechte: Carl Habel GmbH, Darmstadt

Printed in England   ISBN-Nr. 3-87179-140-7

Wie funktioniert
DER COMPUTER

Ein Leitfaden für Anfänger

von DAVID CAREY
mit zusätzlichem Material von JAMES BLYTHE
mit Illustrationen von
B. H. ROBINSON *und* GERALD WITCOMB, MSIAD
Deutsche Fassung von ADRIANE RINSCHE

Carl Habel Verlag, Darmstadt

Was ist ein Computer?

Den Computer umgibt eine Aura, die sowohl fasziniert als auch einschüchtert. Er ist faszinierend, wenn er in der Raketentechnik und in der Weltraumforschung eingesetzt wird, und den Menschen dazu in die Lage versetzt, nicht nur auf den Mond zu fliegen, sondern auch wohlbehalten wieder zurückzukehren. Viele Menschen halten den Computer für eine menschenähnliche Maschine mit einem "Gehirn", mit dem er denken kann. Schließlich gibt es Computer, die "musizieren" oder "sprechen" können. Andererseits lassen wir uns leicht durch seine komplexen Mechanismen und die komplizierten wissenschaftlichen Prinzipien einschüchtern, auf denen ihr Bauprinzip beruht.

In Wirklichkeit hat kein Computer ein Gehirn, und er kann nicht wirklich selbständig denken. Er ist in erster Linie eine Maschine, die arithmetische Rechenoperationen durchführt. Er wird automatisch kontrolliert und erledigt die Arbeit vieler Menschen in einer phantastisch anmutenden Geschwindigkeit. Die wirklich wichtige Denkarbeit wird von den Menschen geleistet, die ihn mit Informationen füttern und ihn *programmieren*, damit er mit Hilfe der ihm vorliegenden Informationen bestimmte Operationen durchführen kann.

Obwohl der moderne Computer in erster Linie eine Rechenmaschine ist, kann er auch eine riesige Menge an Informationen speichern. Er kann programmiert werden, um "logische" Operationen durchzuführen, die etwa in der Übertragung gewisser Informationen von einem Teil der Maschine zu einem anderen Teil, im Sortieren dieser Informationen und im Vergleich mit anderen Informationen, oder aber in der Verwendung dieser Informationen bei arithmetischen Rechenoperationen bestehen.

Wir hoffen, daß dieses Buch Dir dabei hilft, verstehen zu lernen, wie die meisten dieser Operationen funktionieren.

Die historische Entwicklung des Computers

Es wäre falsch zu glauben, daß der Computer unverhofft auf der Bildfläche erschienen ist, obwohl es stimmt, daß er seit einigen Jahren sowohl qualitativ als auch quantitativ an Bedeutung zugenommen hat. Tischrechner sind schon seit sehr langer Zeit in Gebrauch, und sogar zur Zeit der alten Seefahrer und Astronomen bestand ein Bedarf für eine wie auch immer konstruierte Rechenmaschine, die dem menschlichen Gehirn die Arbeit erleichterte.

Im 17. Jahrhundert verfeinerten der französische Mathematiker Blaise Pascal und das deutsche Universalgenie Gottfried Wilhelm Leibniz die Rechentechnik entscheidend. Pascal wie auch Leibniz erfanden die ersten brauchbaren Rechenmaschinen. Leibniz verdanken wir insbesondere das duale Rechensystem (mit Null und Eins als einzigen Ziffern). Diese Entdeckung wurde erst 300 Jahre später durch die ersten Computer effektiv genutzt. 1801 erfand ein Franzose mit dem Namen Jacquard ein Lochkartensystem zur Kontrolle der Fäden auf seinen Webstühlen. Darauf folgte Charles Babbage 1833 mit seiner "Analytical Engine", die unter Zuhilfenahme von Lochkarten Rechenoperationen automatisch durchführen konnte. Dies war der erste *digitale* Rechenautomat (eine Maschine, die Rechnungen mit Zahlen durchführt). Beim amerikanischen Hollerithsystem wurden ebenfalls Lochkarten eingesetzt, aber die Rechenmaschine wurde elektromagnetisch gesteuert. Sie wurde 1889 eingeführt und fand in hochentwickelter Form Verwendung, bis in den Fünfziger Jahren der elektronische Computer eingeführt wurde und weite Verbreitung fand.

1943 ergab sich die Notwendigkeit, Schießtafeln für die Artillerie zu berechnen, und so wurde ENIAC (Elektronischer Numerischer Integrator und Kalkulator) aus der Taufe gehoben, EDSAC (Elektronischer Rechenautomat mit Verzögerungsspeicherung) wurde erstmalig sechs Jahre später an der Universität Cambridge eingesetzt. So entstand der moderne elektronische Computer.

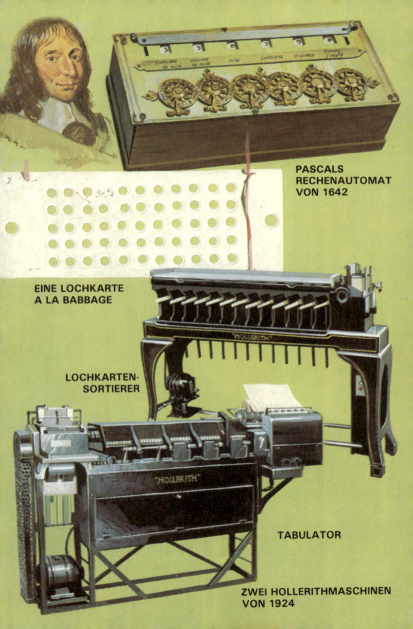

PASCALS RECHENAUTOMAT VON 1642

EINE LOCHKARTE A LA BABBAGE

LOCHKARTEN-SORTIERER

TABULATOR

ZWEI HOLLERITHMASCHINEN VON 1924

Die unterschiedlichen Auslegungen

Viele unterschiedliche Typen von Maschinen tragen den Namen "Computer". Die frühen elektronischen Computer waren um große Röhren herum gebaut, die viel Hitze abgaben. Später wurden Transistoren benutzt. Die zunehmende Verkleinerung der Komponenten ermöglichte die Herstellung von immer kleineren Computern; gleichzeitig nahm die Leistungsfähigkeit der Computer rapide zu. Bei bemannten Raumflügen wurden kleine Computer benötigt, die unmittelbar auf viele Informationsquellen reagieren konnten, während sie auch komplexe mathematische Gleichungen berechneten. Der in diesem Projekt verwendete Computer wurde unter dem Namen Minicomputer bekannt. Die Entwicklung dieser Minicomputer setzte sich gleichzeitig mit der Entwicklung der Großrechner fort. Heutzutage benutzen wir zunehmend noch kleinere Rechner (Mikrocomputer) im alltäglichen Leben. Die Mikrocomputer steuern Waschmaschinen, Uhren, Ladenkassen, sie helfen bei der Wartung von Autos. Sie werden auch in Büros eingesetzt, um Konten, Löhne und andere Bürodaten zu errechnen.

In den Achtziger Jahren ermöglichte die entscheidende Verkleinerung der Mikroprozessoren die Verlagerung eines früheren Großrechners auf den Arbeitsplatz. Mit der Einführung des Arbeitsplatzcomputers, auch Personalcomputer (PC) genannt, erreichte der Computer seinen weitreichendsten Durchbruch, der nicht mehr auf den Einsatz in Wissenschaft, Technologie und Wirtschaft beschränkt blieb, sondern auch, nicht zuletzt dank rapide abnehmender Anschaffungskosten, aus mittleren und kleinen Betrieben heutzutage nicht mehr wegzudenken ist.

Manchmal ist ein Computer für einen bestimmten Zweck ausgelegt, so daß jeder Maschinentyp seine eigenen Varianten hat, je nachdem, welche Aufgabe er erfüllen soll. Die Maschinen, die die Daten für wissenschaftliche Arbeiten, für die Industrie oder für kommerzielle Unternehmungen handhaben, tragen jeweils besondere Merkmale. Auf den folgenden Seiten wollen wir uns einen

GROSSRECHENANLAGE

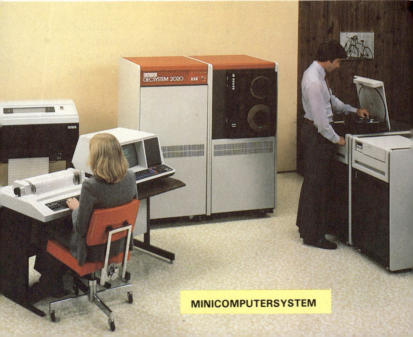

MINICOMPUTERSYSTEM

typischen elektronischen Digitalrechner mit seiner peripheren Ausstattung zur Aufnahme, zur Speicherung und zur Darstellung von Informationen ansehen.

Die Datenverarbeitung

Wie bereits erwähnt, gibt es eine große Anzahl von Computern, von denen einige für einen besonderen Zweck ausgelegt sind. Unsere "typische" Maschine wird mit großer Wahrscheinlichkeit zur "Datenverarbeitung" in einer großen industriellen Organisation benutzt, in der routinemäßig sehr viel Büroarbeit anfällt. So muß zum Beispiel die Lohnliste erstellt werden, und die Namen der jeweiligen Angestellten müssen auf ihre einzelnen Gehaltszettel gedruckt werden. Über alle Angestellten müssen Akten geführt und immer wieder auf den neuesten Stand gebracht werden, da manche Menschen die Firma verlassen und andere dafür neu eingestellt werden.

Der Computer kann auch zur Berechnung der verschiedenen erforderlichen Materialien benutzt werden, die bei der Produktion in der Fabrik benötigt werden. Er kann auf diese Weise dazu beitragen, daß Hunderte von Teilen in der richtigen Reihenfolge und zur rechten Zeit dem Fließband zugeführt werden. Es können Listen über den Absatz verschiedener Produkte geführt werden und Voraussagen über die mögliche zukünftige Entwicklung der Absatzlage gemacht werden.

Eine Organisation setzt einen Computer nur dann ein, wenn sie dadurch größere Gewinne erzielen kann. Diese Rentabilität kann entweder auf eine Produktionssteigerung oder auf den Abbau von Unkosten bezogen sein. Die Einführung eines Computers führt selten zu Personalabbau. Es besteht vielmehr eine recht hohe Wahrscheinlichkeit, daß aufgrund der Produktionssteigerung zusätzliche Arbeitskräfte in einigen Bereichen der Organisation benötigt werden.

Raumfahrt

Seefahrt

Bankwesen

Verkehrskontrolle

Stromerzeugung

Wettervorhersage

Medizin

Luftfahrt

Industrie · Druckerei

Telefon und Telex

Polizei

Die wesentlichen Komponenten des Computers

Ein Computersystem besteht aus einer Anzahl verschiedener Einheiten mit eigenen, besonderen Funktionen.

Die Zentraleinheit

1 *Die Steuereinheit*
Alle Funktionen des Rechners werden durch diese Einheit koordiniert. Sie interpretiert die in einem Programm angegebenen Befehle und führt sie aus.

2 *Der Speicher für den unmittelbaren Zugriff (Hauptspeicher)*
Er besteht aus einem sehr schnellen Zugriffsspeicher. Da die Operation elektronisch ist und sich keine Teile bewegen müssen, können die Daten in *Nanosekunden* (Milliardstel Sekunden) gelesen werden.

3 *Das Rechenwerk*
Dies ist die Datenverarbeitungskomponente, in der Rechenoperationen durchgeführt werden und die logischen Abläufe der Auswahl, des Sortierens und des Vergleichs von Informationen stattfinden.

4 *Die Register*
Sie sind kleine Speicher, die die Daten enthalten, welche bei einer Rechenoperation bearbeitet werden, und sie gemäß den Anweisungen zur Verfügung stellen. Es können Daten von einem Register zum anderen übertragen werden.

Die Eingabeeinheit
Sie liest die Informationen ein, die in der Maschine gespeichert werden sollen und konvertiert sie in eine elektrische Form, in der sie später bei arithmetischen Rechenoperationen benutzt werden können.

Der Hintergrundspeicher
Hier können Daten (Informationen), normalerweise in der Form von Aufzeichnungen auf magnetischem Material, permanent abgespeichert werden. Der Hintergrundspeicher enthält die großen Datenmengen, mit denen ein Computer umgehen kann.

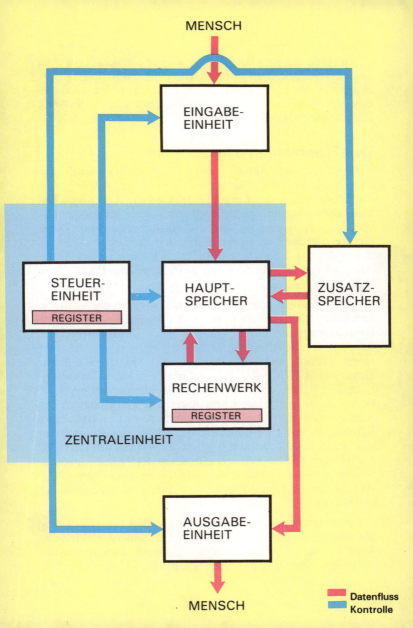

Die Ausgabeeinheit
Sie stellt die Ergebnisse einer Computeroperation dar. Dies geschieht oft in gedruckter Form, zum Beispiel auf einem Gehaltszettel. Die Ergebnisse können aber auch auf einem Bildschirm, auf einem Band, einer Platte, Kassette oder Karte dargestellt werden.

Des Zusammenfügen der Teile

Der Hauptspeicher, das Rechenwerk und die Steuereinheit bilden zusammen mit einer Anzahl von Registern die sogenannte *Zentraleinheit*. Um die Zentraleinheit herum gruppieren sich der Hintergrundspeicher, die Eingabe- und die Ausgabeeinheiten. Diese Geräte werden *periphere Einheiten* genannt. Manche dieser Geräte können sowohl zur Eingabe als auch zur Ausgabe von Daten verwendet werden, so zum Beispiel das Bildschirmgerät.

Auf sehr allgemeine Weise können wir nun die Methode verstehen, nach der ein Computer arbeitet. Es werden Informationen, die auf besondere Weise dafür vorbereitet werden, in die Eingabeeinheit eingegeben, wo sie von einem Gerät ''gelesen'' werden, das sie in eine Serie elektrischer Impulse verwandelt. Der Computer ''schreibt'' dann diese Informationen nieder, das heißt, er überträgt sie in eine Speichereinheit. Die gespeicherten Informationen sind von zweierlei Art, nämlich Daten und Befehle. Eine Reihe von Befehlen bildet ein *Programm*, und wenn das Programm beginnt, so werden die Daten in das Rechenwerk übertragen, und die Rechenoperationen werden mit sehr hoher Geschwindigkeit ausgeführt. Alle Aktivitäten im Computer werden durch die Steuereinheit überwacht.

Die Zentraleinheit setzt sich aus vielen tausend Transistoren zusammen, daneben gibt es andere elektrische Komponenten. Die peripheren Einheiten sind normalerweise elektrisch betriebene, mechanische Geräte.

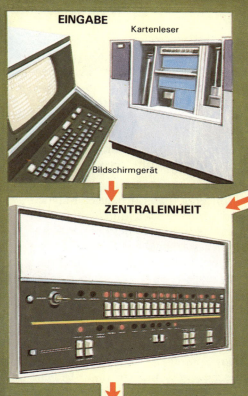

Der Computercode

Die Menschen sind dazu in der Lage, gegenseitig ihre Handschriften zu erkennen und schriftlich vorliegende Informationen zu lesen. Sie können auch das gesprochene Wort verstehen. Die verschiedene Computertypen "verstehen" verschiedene Eingabemethoden und verschiedene Codes, genauso wie die Menschen in verschiedenen Sprachen sprechen und schreiben. Da ein Computer kein Gehirn hat, muß er die Informationen auf besondere Weise empfangen – mit Hilfe eines Codes.

Üblicherweise wird die Codierung von Eingaben für den Computer per Bildschirmgerät, per Lochkarte, Magnetband, Lochstreifen und per Belegleser durchgeführt. In Lochkarten und Lochstreifen werden in bestimmten Kombinationen kleine Löcher gestanzt. Diese Kombinationen werden spaltenweise in die Lochkarte oder über die Breite des Lochstreifens hinweg eingestanzt. Diese Löcher stellen ein vorgegebenes Zeichen dar, also einen Buchstaben oder eine Zahl. Magnetbänder und Magnetplatten können mit Hilfe eines Gerätes beschrieben werden, das einer normalen Schreibmaschine ähnelt.

Belegleser helfen den Computern, Informationen zu "lesen", die für Menschen verständlich sind. Übliche Beispiele sind Stromabrechnungen und Schecks. Die Zeichen auf den Stromabrechnungsbelegen können auch mit der Hand geschrieben und in den Computer eingelesen werden. Bankschecks enthalten Zeichen, die mit magnetischer Tinte vorgedruckt worden sind. Ein anderes Beispiel für eine Codierung, die von Menschen gelesen werden kann, ist die Codierung durch das Bildschirmgerät.

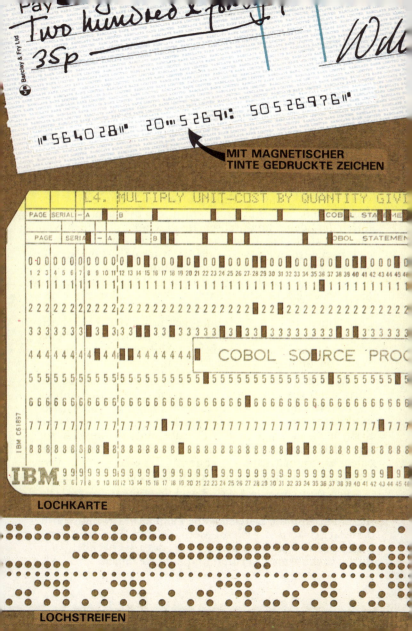

Die Eingabeeinheit

Die Lochkarten oder Lochstreifen werden nach der Codierung mit den eingestanzten Löchern der Eingabeeinheit des Computers zugeführt, wo der Lesemechanismus des Computers die Lochmuster in elektrische Impulse übersetzt.

Die Karten werden mit einer Geschwindigkeit von etwa 1000 Karten pro Minute gelesen, und die Lochstreifen mit einer Geschwindigkeit von etwa 1000 Zeichen pro Sekunde. Da die Verarbeitungsgeschwindigkeit in Nanosekunden (Milliardstel Sekunden) gemessen wird, sind diese beiden Eingabeformen langsam. Der Lesevorgang wird mit Hilfe von Licht durchgeführt, das durch die Löcher hindurchscheint und auf eine Schicht von photoelektrischen Zellen trifft, die die Lichtpunkte in elektrische Impulse verwandeln. Alternativ können die Karten zwischen einer stromführenden Rolle und einer Serie winziger Drahtkontakte durchgeführt werden. Wo die Löcher erscheinen, berühren die Kontakte für einen Augenblick den Leiter, und ein elektrischer Impuls wird blitzschnell in die Maschine gesandt. Wo kein Loch eingestanzt ist, wird natürlich kein elektrischer Impuls erzeugt; daher wird die codierte Lochkombination in eine Serie von Impulsen und Nicht-Impulsen übertragen.

Belegleser oder Zeichenerkennungssysteme können die Form eines geschriebenen Zeichens photoelektrisch abtasten, wie etwa im Falle von Stromabrechnungen. Auf Schecks wird das magnetische Muster des Zeichens ermittelt. Diese Systeme lassen keine direkte Eingabe in den Computer zu, aber sie können die Daten korrekt lesen. Sie werden erst von einem Operator (Bediener) gestanzt, der eine Tastatur verwendet, die der einer gewöhnlichen Schreibmaschine ähnelt.

Auch Bildschirmgeräte sind wichtige Eingabegeräte. Die Tastatur eines Bildschirms ähnelt der einer Schreibmaschine, und die Dateneingabe kann auf dem Bildschirm dargestellt werden. Diese Methode des Einlesens von Daten wird bei unserem Verlag dazu verwendet, um Buchbestellungen zu prüfen und aufzuzeichnen.

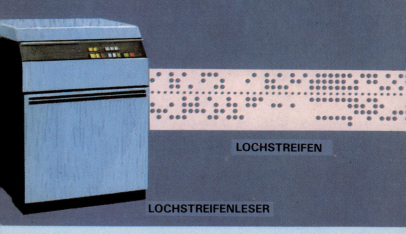

LOCHSTREIFEN

LOCHSTREIFENLESER

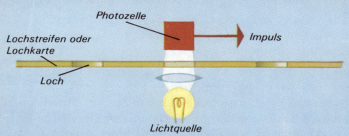

EINLESEN VON LOCHSTREIFEN ODER LOCHKARTEN

KARTENLESER   **TEIL EINER LOCHKARTE MIT 80 SPALTEN**

Die Aufzeichnung von Informationen auf magnetischer Oberfläche

Bei der Eingabe von Daten in den Computer über Lochkarten und Belegleser handelt es sich um wohlerprobte Methoden. Andere Methoden, die zunehmend Verwendung finden, sind Magnetbänder, Kassetten und Disketten (kleine, unzerbrechliche Scheiben, die höchstens so groß wie eine "Single" – Schallplatte sind).

Magnetische Vorrichtungen haben mehrere Vorteile: sie sind viel robuster als Papier, die Informationen können auf engem Raum gespeichert und leichter gelöscht werden. Außerdem ist die Handhabung leichter als bei Lochkarten oder Lochstreifen. Einer der größten Vorteile besteht darin, daß dasselbe Band oder dieselbe Diskette weiterverwendet werden kann, auch wenn Daten verändert oder gelöscht werden sollen.

Auf der gegenüber abgebildeten Kassette werden Informationen als magnetische Punkte aufgezeichnet, die in bestimmten Kombinationen bestimmte Zeichen darstellen. Wenn die Kassette gelesen wird, kommt ihre Oberfläche in Kontakt mit den Schreib-Leseköpfen, einer Anzahl winziger Spulen, mit denen Informationen aufgezeichnet (geschrieben) oder wiedergegeben (gelesen) werden können.

Die Aufzeichnungsmethode bei Disketten ist ähnlich. Allerdings wird hier auf viele konzentrische Kreise aufgezeichnet, die Spuren genannt werden und sich über die Oberfläche der Diskette erstrecken. Manchmal wird eine Seite der Diskette benutzt, aber je nach Ausstattung können beide Seiten der Diskette zur Aufzeichnung von Informationen verwendet werden.

(für weitere Informationen siehe Seite 42)

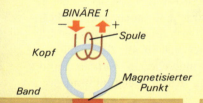

SCHREIBEN AUF MAGNETBAND

Durch die Spule des Schreibkopfes wird ein Stromstoß geführt, der einen Punkt auf dem Band magnetisiert. Eine "1" ist geschrieben worden.

Die Richtung des Stromflusses ist umgekehrt worden, wodurch wiederum die Polarität des Punktes umgekehrt wird. Eine "0" (Null) ist geschrieben worden.

LESEN VON MAGNETBAND

Wenn der Elementarmagnet den "Lesekopf" passiert, so wird in seiner Spule in der einen oder anderen Richtung eine Spannung induziert. So wird entweder eine "1" oder eine "0" gelesen.

Die Funktionsweise der Magnetbandeinheit

Ein Magnetband kann zur Eingabe, zur Ausgabe oder zur Speicherung von Daten verwendet werden. Es kann maximal neun Reihen magnetischer Punkte aufnehmen, wobei jede Reihe oder Spur einen eigenen Schreiblesekopf zur Wiedergabe oder Aufzeichnung der Information hat. Das Magnetband läuft von einer Spule zur anderen, und zwar nicht kontinuierlich, sondern in Abhängigkeit zum Informationsbedarf für die Verarbeitung der Daten im Computer. Es ist daher wichtig, daß eine exakte Start-Stop-Einrichtung zur Verfügung steht, und dies wird normalerweise mit Hilfe einer dauernd sich drehenden Antriebsrolle und einer Klemmrolle erreicht (siehe Abbildung). Es kann vom Band weder gelesen werden, noch können Informationen dort gespeichert werden, bevor es seine volle Laufgeschwindigkeit erreicht hat. Aus diesem Grund wird die Information nicht in einem langen, kontinuierlichen Strom abgespeichert, sondern in Blöcken mit einem Zwischenraum zwischen jedem Block, damit ein Stop- oder Start-Intervall eingeschoben werden kann. Diese Zwischenräume werden Klüfte genannt und sind häufig ca. 2½ cm lang.

Die Antriebsmotoren für das Magnetband werden elektrisch betrieben und sind sehr exakt ausgelegt, um sicherzustellen, daß sich das Band in gleichbleibender Geschwindigkeit bewegt, und daß es in extrem kurzer Zeit gestartet und wieder angehalten werden kann. Tatsächlich wird eine Beschleunigung von ca. 2½ cm pro Sekunde auf die normale Laufgeschwindigkeit von ca. 187 cm pro Sekunde normalerweise in nur zwei oder drei Tausendstel Sekunden erreicht. Die Verlangsamung und das Stoppen dauern ebenso lange.

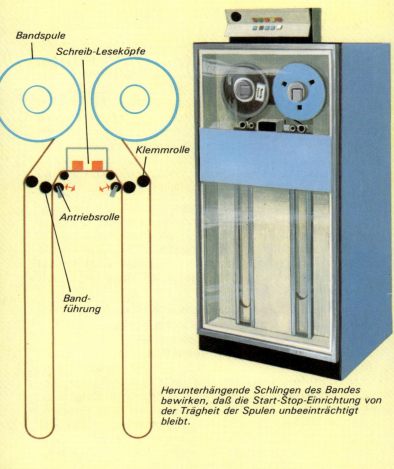

Herunterhängende Schlingen des Bandes bewirken, daß die Start-Stop-Einrichtung von der Trägheit der Spulen unbeeinträchtigt bleibt.

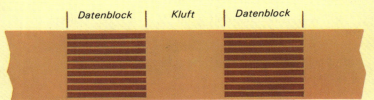

NEUN-SPUR-MAGNETBAND

Die Codierung

Elektrische Impulse, die der Lesemechanismus des Computers erzeugt, werden "aufgeschrieben" – nicht mit Papier und Bleistift, was wir normalerweise unter Schreiben verstehen, sondern elektrisch. Das heißt, die durch die Impulse dargestellten Informationen werden aufgezeichnet und in einem Register oder elektrischen Speicher aufbewahrt, bie sie für eine Rechenoperation oder für andere Zwecke benötigt werden. In gewisser Hinsicht ähnelt dieses Verfahren dem menschlichen Gedächtnis, in dem Informationen gespeichert sind und zur Verfügung stehen, wenn sie benötigt werden.

Wir haben gesehen, daß ein geeigneter Code für einen digitalen Rechner nur zwei grundlegende Informationen benötigt, nämlich einen Impuls oder einen Nicht-Impuls. Informationen dieser Art sind *binäre* Informationen (siehe Seite 36) und sie sind numerisch darstellbar. Zum Beispiel läßt sich der Impuls mit der Zahl 1, der Nicht-Impuls mit der Zahl 0 darstellen.

Das nebenstehende Diagramm zeigt, wie viel Information aus dem Lesemechanismus in ein Register übertragen werden kann. Dort ist ein *Schieberegister* abgebildet – das so genannt wird, weil die Ankunft des ersten Impulses (oder Nicht-Impulses) bewirkt, daß die bereits gespeicherten Informationen um eine Stelle nach rechts verschoben werden (in diesem Falle war das Register anfangs leer). Am äußersten linken Ende erscheint eine leere Position, und der Impuls, der die Bewegung nach rechts ausgelöst hat, wird dort gespeichert. Der Vorgang wiederholt sich jedes Mal, wenn ein Impuls (oder Nicht-Impuls) aufgezeichnet wird, bis das ganze Register voll ist.

Wir wissen bereits, daß beim "Lesen" die codierte Information aus Lochkarten oder Lochstreifen entnommen wird. Beim "Schreiben" werden diese Informationen aufgezeichnet und für die zukünftige Verwendung abgespeichert.

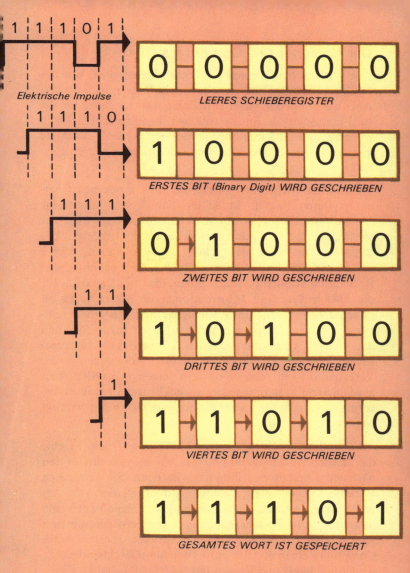

Der Speicher des Computers

Wir Menschen können uns nicht alles merken, was das Gehirn aufnimmt, und das allgemeine Wissen ist begrenzt. Aber wir können in vielerlei Büchern nachschlagen, um die Informationen zu finden, die wir benötigen. In diesen Büchern sind Informationen gespeichert, und oft stehen sie in einer Bücherei, wo man von Zeit zu Zeit nachschlagen kann.

Eines der wichtigsten Merkmale eines modernen Computersystems besteht in seiner Fähigkeit, eine riesige Menge an Informationen bereitzuhalten, die zur Verfügung stehen, wann immer man sie benötigt. Die Register sind, wie wir schon gesehen haben, kleine Arbeitsspeicher, die hauptsächlich für arithmetische Rechenoperationen benutzt werden, und ihre Kapazität für die Speicherung von Informationen ist begrenzt. Es ist daher erforderlich, ein zusätzliches Speichersystem einzurichten, in dem alphanumerische Informationen dauerhafter gespeichert werden können. Die Informationen können wie ein Buch in einer Bücherei für die Verarbeitung in den Registern erzeugt werden und anschließend in den Speicher zurückkehren. Veraltete Informationen können entfernt und neue Daten hinzugefügt werden.

Es sind verschiedene Speichersysteme auf dem Markt, die meisten sind magnetisch, und wir werden uns in den nächsten Kapiteln mit ihnen beschäftigen. Sie alle haben Vorteile und Nachteile. Einige sind effizienter, aber zu teuer für viele Computeranwendungen. Einige haben eine besonders hohe Speicherkapazität. Andere wiederum sind sehr schnell. Allgemein gesagt stellen die Speicher eines Computers einen Kompromiß zwischen Geschwindigkeit, Annehmlichkeit und Kosten dar.

MAGNETBANDEINHEIT

MAGNETPLATTENEINHEIT

"Bits", "Bytes", "Wörter" und "Adressen"

Ein Wort im Computer ist eine Anordnung von *Bits* (binary digits), die für den Computer eine besondere Bedeutung haben. Die Anzahl der Bits, die für die Darstellung eines einzigen Zeichens benötigt werden, wird *Byte* genannt. Die Anzahl der Bits in einem Wort ist die *Wortlänge* und sie beträgt heutzutage 16 oder 32 Bits, obwohl diese Zahl in Abhängigkeit zur Bauart des Computers unterschiedlich ausfallen kann.

Der Speicher in der Zentraleinheit kann mehrere Millionen Bytes enthalten. Die meisten Computersysteme haben eine Speicherkapazität zwischen 16 000 und 256 000 Bytes, aber diese Zahl nimmt ständig zu. Es ist notwendig, eine gewisse Anzahl dieser Bytes für eine bestimmte Rechenoperation auszuwählen. Es ist daher von entscheidender Bedeutung, ihre genaue Position zu kennen, da anderenfalls die Rechenoperation nicht stattfinden könnte. Der Speicher ist daher in Zellen oder *Speicherstellen* aufgeteilt. Jede Speicherstelle enthält ein Byte oder ein Wort, und seine Position wird durch eine fortlaufende Numerierung identifiziert, die *Adresse* genannt wird.

Die Wörter in einem Computer sind von zweierlei Art: es gibt *Befehlswörter*, die dem Computer mitteilen, was er tun soll, und *Datenwörter*, die die Zahlen darstellen, die der Computer in den Rechenoperationen benutzen muß. Ein Befehlswort besteht selbst wiederum aus zwei Teilen: der erste Teil ist der Befehlscode, der in Zahlenform die durchzuführende Operation beschreibt. Der zweite Teil enthält eine oder mehrere Adressen von Datenwörtern, mit denen der Computer seine Arithmetik durchführen soll. Die für eine bestimmte Rechenoperation erforderliche Anzahl von Adressen liegt zwischen eins und drei, aber normalerweise sind es nicht mehr als eine oder zwei. Die Tabellen auf der gegenüberliegenden Seite zeigen, wie die Informationen für die unterschiedlichen Systeme in den Befehlswörtern enthalten sein können.

DER BEFEHL

| Befehls-code | Adresse 1 | Adresse 2 | Adresse 3 |

←——— 1 Wort ———→

DAS DREI – ADRESSEN – SYSTEM

BEFEHLSCODE	Die vom Computer auszuführende Operation
ADRESSE 1	Die Adresse des ersten Datums
ADRESSE 2	Die Adresse des zweiten Datums
ADRESSE 3	Die Adresse, zu der das Ergebnis bewegt werden soll

DAS ZWEI – ADRESSEN – SYSTEM

BEFEHLSCODE	Die vom Computer auszuführende Operation
ADRESSE 1	Die Adresse des ersten Datums
ADRESSE 2	Die Adresse des zweiten Datums

DAS EIN – ADRESSEN – SYSTEM

BEFEHLSCODE	Die vom Computer auszuführende Operation
ADRESSE 1	Die Adresse des Datums

Der Magnetkernspeicher

Die Rechengeschwindigkeit eines Computers hängt von der Zeit ab, die dazu erforderlich ist, zwei Zahlen aus einem Speicher auszuwählen, zu entnehmen und das Ergebnis der Berechnung wiederum abzuspeichern. Wir brauchen daher die schnellstmögliche Zugangszeit.

Ein weit verbreiteter Hochgeschwindigkeitsspeichertyp, der sich besonders für die Zentraleinheit des Computers eignet, benutzt *Ferrit*ringe. Das sind sehr kleine Ringe aus keramischem Material, die magnetisiert werden können. Jeder Ring hat etwa die Größe eines "Punktes" auf der Schreibmaschine, er wird Kern genannt und kann in einem von zwei Zuständen magnetisiert werden, um entweder eine binäre 1 oder eine binäre 0 darzustellen. Die Kerne sind in Drahtgittern an dem Punkt aufgefädelt, an dem sich die Drähte kreuzen. Der Wechsel eines beliebigen Kerns von einem Zustand in den anderen – der Umschalten genannt wird – kann nur herbeigeführt werden, indem ein Stromimpuls durch beide Drähte geführt wird, die genau diesen Kern verbinden. Ein dritter Draht, der Lesedraht heißt, wird dazu benutzt, die gespeicherte Information zu lesen.

Jedes Wort im Speicher kann zu gleicher Zeit erreicht werden. Aus diesem Grund heißen die Magnetkernspeicher auch oft Speicher mit wahlfreiem Zugriff, und die Computer, die sie verwenden, können über einhundert Millionen Additionen pro Sekunde durchführen. Heutzutage werden die Speicher in Mikrobausteine aus Silikon eingeätzt; die Methode des Lesens und Schreibens ähnelt bei diesen dem Magnetkern. Diese elektronischen Kerne werden MOS genannt (Metal oxide Semi-conductors bzw. Metall-Oxid-Halbleiter).

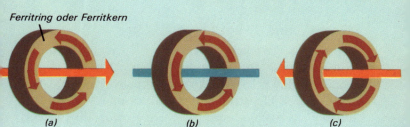

DIE MAGNETISIERUNG EINES KERNS

(a) Ein Stromimpuls magnetisiert den Kern. Eine binäre 1 wird geschrieben.
(b) Wenn der Impuls entfernt wird, bleibt der Magnetismus bestehen.
(c) Ein Impuls in der entgegengesetzten Richtung kehrt den magnetischen Zustand des Kerns um. Eine binäre 0 wird geschrieben.

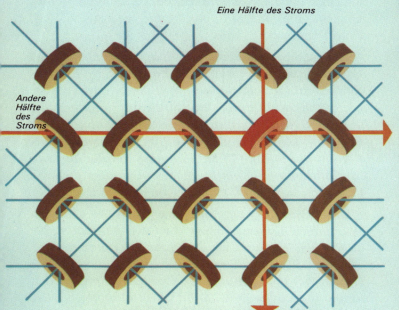

TEIL EINES MAGNETISCHEN KERNSPEICHERS

Die Hälfte des Stroms, der zur Umschaltung eines Kerns erforderlich ist, wird durch einen horizontalen und einen vertikalen Draht geführt, nur der Kern am Schnittpunkt der Drähte erhält den vollen Stromstoß. Auf diese Weise kann jeder beliebige Kern umgeschaltet werden, ohne daß die übrigen Magnete davon in Mitleidenschaft gezogen werden. Der diagonale Lesedraht wird zum Lesen benutzt.

"Gates" und "Highways"

Wenn wir verstehen wollen, wie ein Computer funktioniert, wenn er die Zahlen in der Zentraleinheit bewegt, so müssen wir uns kurze elektrische Impulse vorstellen, die jeweils eine Millionstel Sekunde dauern und wie Schießpatronen aus einem Maschinengewehr aufeinander folgen, allerdings viele Tausend mal schneller. Die Drähte, an denen die Impulse zwischen den Registern entlangschießen, heißen "Highways" (Vielfachleitungen), und die elektronischen Schaltungen, die geöffnet werden können, um einen Impuls durchzulassen, oder geschlossen werden können, um ihn zu blockieren, heißen "Gates" (Schaltelemente).

Zahlen, die jeweils durch ein Muster von Impulsen und Nicht-Impulsen dargestellt sind, werden die Highways entlanggeschickt, und die geeigneten Tore werden geöffnet oder geschlossen, je nachdem, ob sie durchgelassen oder abgeblockt werden sollen. In dem umseitig abgebildeten Diagramm können beispielsweise Zahlen aus zwei der drei Register A, B und C die Highways entlang zur Addiereinrichtung geschickt werden, und die addierte Summe kann nach A, B und C zurückübermittelt werden.

Dieses Beispiel zeigt, daß eine Kontrolle über den Zeitraum, in dem eine Gruppe von Gates geöffnet ist, die Möglichkeit eröffnet, im Computer im Bruchteil einer Sekunde viele verschiedene Leitwege zu bilden. Die Rechengeschwindigkeit eines Computers ergibt sich sowohl aus der Geschwindigkeit, in der Informationen aus den verschiedenen Standorten ausgewählt werden können, als auch durch die Geschwindigkeit, in der die Leitwege aufgebaut werden können.

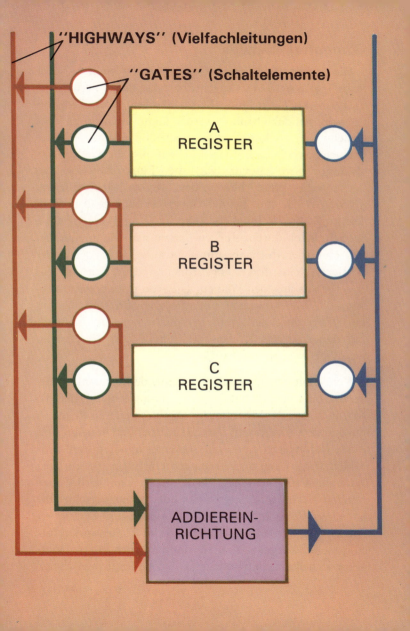

Computerarithmetik

Die in einem Computer verwendeten elektronischen Stromkreise werden so angeordnet, daß die codierte Kombination auf den Eingabe-Lochkarten oder Eingabe-Lochstreifen dazu benutzt werden kann, um arithmetische Gleichungen zu lösen – diese Rechenoperationen werden in einer besonderen Einheit durchgeführt, die *Rechenwerk* genannt wird. Bevor wir die Funktionsweise des Rechenwerks näher beschreiben, wollen wir überlegen, welche Art Gleichungen der Computer für uns lösen können muß. Es ist möglich, sehr lange und komplizierte Berechnungen durchzuführen, indem man sie in eine Anzahl einfacher Rechenoperationen aufgliedert, die in der richtigen Reihenfolge angeordnet sind, damit sie das Endergebnis angeben können. Die Addition, die Subtraktion, die Multiplikation und die Division sind die am häufigsten durchgeführten arithmetischen Operationen, und daher ist das Rechenwerk darauf ausgelegt, genau diese Operationen durchzuführen.

Wer schon eine manuell zu bedienende Rechenmaschine gesehen oder benutzt hat, wird sich daran erinnern, daß die Zahl in einem Register zum Inhalt eines anderen Registers hinzuaddiert wird, wenn man die Kurbel im Uhrzeigersinn dreht, wohingegen eine Zahl von einer anderen Zahl subtrahiert wird, wenn man gegen den Uhrzeigersinn kurbelt. Die Zahlen in einem Register lassen sich mit Hilfe einer weiteren Kurbel auch nach links oder rechts verschieben. Auf diese Weise können Multiplikationen und Divisionen durchgeführt werden. Die Schaltkreise im Rechenwerk erfüllen dieselbe Aufgabe, aber sie sind natürlich um ein Vielfaches schneller als unsere handbetriebene Rechenmaschine.

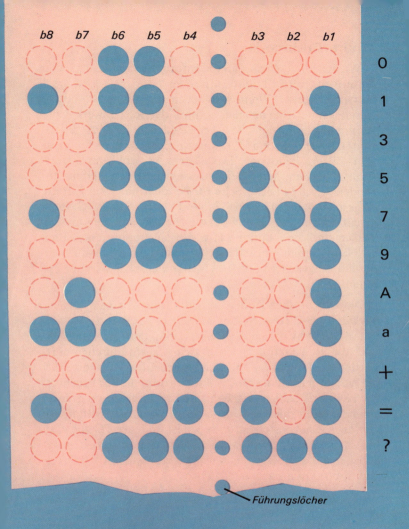

Führungslöcher

Das Diagramm zeigt, wie NUMERISCHE und ALPHABETISCHE Daten auf gestanzten Lochstreifen mit 8 Löchern codiert werden, bevor sie in den Hauptspeicher eingegeben und im RECHENWERK verarbeitet werden.

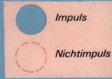

Binäre Arithmetik

Wir haben gesehen, daß die Informationen in Form von Impulsen und Nicht-Impulsen die ''Highways'' entlangschießen. Wenn wir jeden Impuls bzw. Nicht-Impuls eine Ziffer nennen, so muß das Rechenwerk seine Arithmetik mit nur zwei verschiedenen Ziffern durchführen, während wir für unsere eigenen Berechnungen zehn Ziffern benötigen. Das System, in dem zehn Ziffern benutzt werden, heißt Dezimalsystem, das von Leibniz erfundene System (siehe Seite 6), bei dem nur zwei Ziffern eingesetzt werden, wird *binäres* oder *duales* System genannt. Die im Binär- bzw. Dualsystem verwandten Zahlen sind die 0 und die 1, sodaß ein Impuls eine 1 und ein Nicht-Impuls eine 0 darstellen kann (genauso gut könnte man umgekehrt vorgehen, wir wollen aber darauf verzichten).

Die nebenstehend oben aufgeführten Beispiele zeigen, wie das Zwei-Ziffern-System aufgebaut ist. Wer sich schon mit Arithmetik beschäftigt hat, weiß, daß die Addition und die Subtraktion nach festen Regeln durchgeführt werden, und daß zwei Tabellen aufgebaut werden, eine für die Addition und eine für die Subtraktion, die das Ergebnis für beliebige Zahlen angeben, die wir addieren oder voneinander subtrahieren wollen. Bei der binären Arithmetik gibt es, wie nebenstehend zu sehen ist, in jeder Tabelle vier Einträge. Wenn man diese Tabellen beachtet, so helfen sie dabei, die nachfolgenden Beispiele zur binären Addition und Subtraktion nachzuvollziehen.

BEISPIELE FÜR DIE COMPUTERARITHMETIK

Eine Dezimalzahl wird geschrieben

$5638 \equiv 5 \times 1000 + 6 \times 100 + 3 \times 10 + 8 \times 1$

$\equiv 5 \times 10^3 + 6 \times 10^2 + 3 \times 10^1 + 8 \times 10^0$

Eine binäre Zahl wird geschrieben

$1101 \equiv 1 \times 2^3 + 1 \times 2^2 + 0 \times 2^1 + 1 \times 2^0$

$\equiv 1 \times 8 + 1 \times 4 + 0 \times 2 + 1 \times 1$

$\equiv 13$ als Dezimalzahl

Wenn wir wissen, wie man Zahlen aus dem Binärsystem in das Dezimalsystem übersetzt, so kann man mit Hilfe der Tabellen zur Addition und Subtraktion einige Beispiele bearbeiten.

ADDITIONSTABELLE

	+0	+1
+0	0	1
+1	1	0 + behalte 1

SUBTRAKTIONSTABELLE

	+1	+0
−0	1	0
−1	0	1 + borge 1

```
           c c
    7    0 1 1 1
  + 6   + 0 1 1 0
  ----  ---------
   13    1 1 0 1
```

```
           b b
   13    1 1 0 1
  − 7   − 0 1 1 1
  ----  ---------
    6    0 1 1 0
```

Das Programmieren

Eine Liste von Befehlen, die in einen Computer eingegeben wird, heißt *Programm*. Der erste Schritt zur Vorbereitung eines solchen Programms besteht darin, ein Flußdiagramm zu entwerfen, und rechts sind zwei Beispiele für ein solches Flußdiagramm abgebildet. Ein Flußdiagramm wird aus einer Anzahl von miteinander verbundenen Schreibfeldern aufgebaut, wobei der jeweils zugeordnete Text im oder am Schreibfeld zeigt, welche Aufgabe oder welche Berechnung bei jedem Schritt durchgeführt werden muß. Ein sehr wichtiges Schreibfeld ist das Blockdiagrammsymbol "Entscheidung", in dem eine Frage gestellt wird. Die einzig erlaubten Antworten auf eine solche Frage sind "ja" oder "nein", und obwohl dies zu einfach zu sein scheint, um bei einem komplizierten Problem von Nutzen sein zu können, sollte man sich in Erinnerung rufen, daß ein Computer fast eine halbe Million Fragen pro Sekunde beantworten kann!

Die Übertragung der Aufgabe in jedem Schreibfeld in Zahlenform (*Maschinencode*) ist sehr mühsam, und der Programmierer erleichtert sich diese Aufgabe, indem er eine höhere Programmiersprache (*high level language*) benutzt, die dann von einem Standardprogramm, dem *Compilierer* in den Maschinencode übersetzt wird. Es sind viele höhere Programmiersprachen auf dem Markt, die am weitesten verbreiteten sind COBOL (COmmon Business Oriented Language), BASIC (Beginners All-purpose Symbolic Instructions Code), PL1 (Programming Language 1), FORTRAN (FORmula TRANslation) und RPG (Report Program Generator).

Das Programmieren im Maschinencode ist eine Aufgabe für einen besonders ausgebildeten Spezialisten, während das Programmieren in einer höheren Programmiersprache von vielen Menschen erlernt werden kann, wenn man ihnen Zeit gibt, die Regeln zu lernen, die dabei beachtet werden müssen.

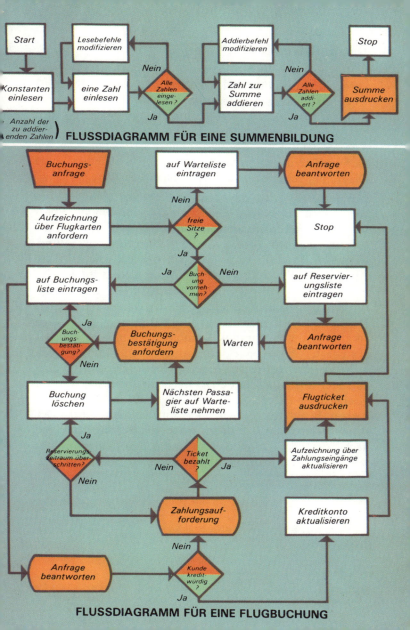

Die Steuereinheit

Wir haben gesehen, daß ein Programm eine Liste von Befehlen ist, die im Speicher des Computers aufbewahrt wird. Damit dieses Programm ausgeführt werden kann, muß der Computer jeden einzelnen Befehl der Reihe nach betrachten und seine Bedeutung herausfinden. Anschließend kann die Berechnung der Daten oder die *Datenübertragung* stattfinden. Das nebenstehende Diagramm zeigt die damit verbundenen Schritte.

Ein *Befehl* wird aus dem Speicher entnommen und vorübergehend in ein Register der *Steuereinheit* übertragen. Sowohl die auszuführende *Operation* als auch die *Adresse* der Daten, für die die Operation ausgeführt werden soll, kann dann gefunden werden. Die korrekte Abfolge der Kontrollsignale für diesen Code wird erzeugt und zu den Gates gesandt; diese bewirken die Durchführung der Rechenoperation oder der Datenübertragung. Die Zeit, zu der jedes Kontrollsignal gesandt wird, wird sorgfältig durch die im Computer enthaltene "Uhr" gesteuert, die einen kontinuierlichen Impulsstrom aussendet und auf diese Weise alle Datenbewegungen aufeinander abstimmt. In der Zwischenzeit wird die Adresse des nächsten Befehls gefunden, indem auf die Adresse des soeben benutzten Befehls +1 hinzuaddiert wird. Der Ablauf wiederholt sich dann, wobei die Befehle der Reihe nach zunächst "analysiert" und dann "ausgeführt" werden, bis das Programm vollständig ausgeführt ist.

STEUEREINHEIT EINES MINICOMPUTERS

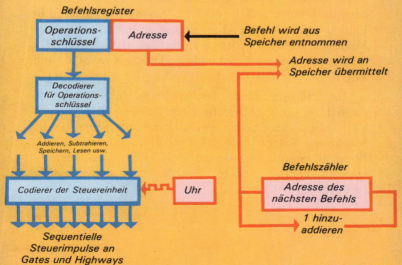

DAS PRINZIP DER STEUEREINHEIT EINES COMPUTERS

Der Plattenspeicher

Die meisten Computersysteme haben heutzutage zusätzlich zum Speicher mit wahlfreiem Zugriff einen Direktzugriffsspeicher. Er bietet einen sehr großen Hintergrundspeicher für Informationen, die nicht dauernd benötigt werden und daher keine ganz so kurze Zugriffszeit benötigen.

Einige kleinere Computer benutzen das magnetische Diskettensystem für den wahlfreien Zugriff, aber bei den größeren Installationen wird mit höherer Sicherheit ein Plattenspeicher verwendet. Dieser besteht aus einer oder mehreren Metallplatten, die sich kontinuierlich auf einer Spindel drehen. Die flache Oberfläche jeder Platte ist mit eng nebeneinandergelegten konzentrisch angeordneten Spuren magnetischer Punkte bedeckt — die den Rillen einer Schallplatte ähneln — und man liest von ihnen oder schreibt auf sie mit Hilfe von Schreibleseköpfen, die auf Arme montiert sind, die sich radiär über die Platte bewegen können, um die benötigte Spur auszuwählen. Ein Plattenspeicher kann eine Kapazität von fünfhundert Millionen Wörtern haben und eine Zugriffszeit von etwa dreißig Tausendstel Sekunden. Diese Kapazität und Zugriffszeit verbessert sich laufend.

Eine billigere Form des Speichers mit wahlfreiem Zugriff verwendet Magnetstreifen. Diese sind größer als Lochkarten und sie sind in Behältern untergebracht, die Magazinen ähneln. Jede beliebige Karte kann aus einem Magazin entnommen werden und über einen Schreiblesekopf geführt werden, bevor sie in das Magazin zurückgelegt wird.

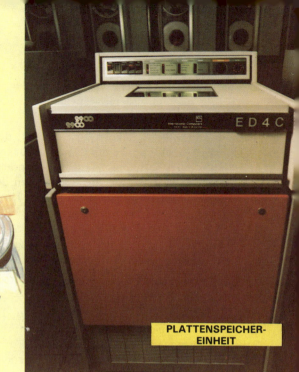

PLATTENSPEICHER-EINHEIT

Laden eines Plattenstapels in die Einheit

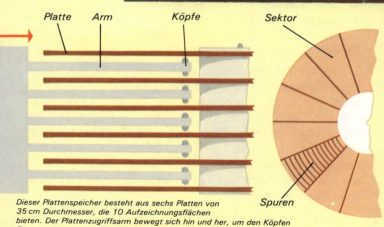

Platte — Arm — Köpfe — Sektor — Spuren

Dieser Plattenspeicher besteht aus sechs Platten von 35 cm Durchmesser, die 10 Aufzeichnungsflächen bieten. Der Plattenzugriffsarm bewegt sich hin und her, um den Köpfen Zugang zur gesamten Aufzeichnungsfläche zu verschaffen. Die Datenadresse spezifiziert jeweils die Platte, den Sektor und die Spur.

Die Ausgabeeinheit

Der letzte Teil eines Computers ist die Ausgabeeinheit, die die Ergebnisse der Operationen der Maschine in gedruckter oder in anderer visueller Form, oder aber auf Bändern und Platten darstellt.

Ein bestimmter Druckertyp ist dazu in der Lage, eine vollständige Zeile auf einmal auszudrucken. Kurz, er besteht aus einer Serie von 132 sich drehenden Rädern, die um ihre Peripherie herum alle Buchstaben des Alphabets und die Dezimalziffern gruppiert haben. Das Papier wird mit einem Farbband über die Typenräder gespannt. Sobald die richtigen Zeichen sich formiert haben, schlägt eine Reihe elektrisch betriebener Hämmer gegen das Papier, auf das dann die Typen aufgedruckt werden.

Eine andere Methode verwendet einen Prozeß, der unter dem Namen Xerographie (elektrostatisches Druckverfahren) bekannt ist. Dabei werden winzige Tintenpartikel in Puderform elektrostatisch zu plastikbeschichtetem Papier hingezogen. Ein Laserstrahl wird über die zu druckende Zeile gesandt, und dadurch werden die Partikel in der Gestalt der verschiedenen Zeichen zusammengezogen. Der Druck wird dann "fixiert", indem das Papier durch beheizte Rollen geführt wird, die die Plastikbeschichtung erweichen.

Eine weitere Ausgabemöglichkeit, auch für graphische Darstellungen und Zeichnungen, bietet das Bildschirmgerät. Das rechts abgebildete Bildschirmgerät ist ein kombiniertes Gerät zur Ein- und Ausgabe von Daten. Der Bediener kann mit dem Computer über die Tastatur oder über einen "Lichtstift" auf der optischen Anzeige kommunizieren. Das Bildschirmgerät kann auch Aufzeichnungen in der Form von Texten anzeigen, etwa eine Liste von Angestellten.

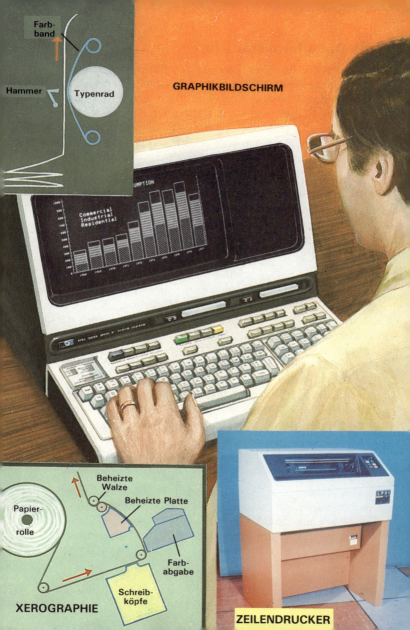

Die Datenfernverarbeitung

Wenn Du in eine Zweigstelle einer großen internationalen Gesellschaft gehst, zum Beispiel in ein Reisebüro oder in eine Versicherungsagentur, so werden die von Dir gestellten Fragen wahrscheinlich über eine Datenendstation an einen Kontrollcomputer in der Hauptstelle weitergeleitet. Die Antworten auf Deine Fragen werden dann zurückgeschickt und in der Zweigstelle ausgedruckt.

Dieses Verfahren wird *Datenfernverarbeitung* genannt, wobei ein Computersystem innerhalb eines einzigen Gebäudekomplexes oder über einen ganzen Kontinent verteilt untergebracht sein kann, falls möglicherweise Informationen von nationaler Bedeutung benötigt werden können.

Damit man Daten über solch große Entfernungen hinweg übertragen kann, muß ihre Form verändert werden. Dies wird mit Hilfe eines *Modems* erreicht – eines Modulators/Demodulators, der den Daten eine starke Trägerwelle hinzufügt, damit sie einen Telephondraht entlang oder als Radiowelle übertragen werden können. An der Datenendstation werden die Daten für die Übertragung *moduliert* (die Trägerwelle wird hinzugefügt), und am anderen Ende, wo die Daten empfangen werden, müssen sie *demoduliert* werden (die Trägerwelle wird entfernt), damit der Computer sie akzeptieren kann. Da man normalerweise ein interaktives Frage- und Antwortsystem hat, werden Modulator und Demodulator in einer einzigen Einheit, dem Modem, zusammengefaßt.

Die einfachsten Formen der Modulation sind die Frequenzmodulation und die Amplitudenmodulation. In verschiedenen Stationen der Übertragung werden die Daten verstärkt, um zur nächsten Station übermittelt zu werden.

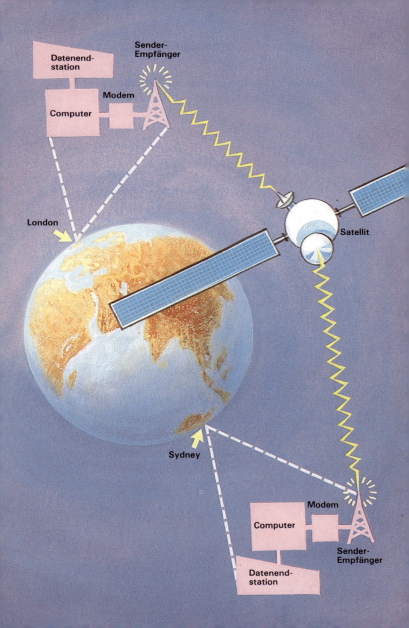

Macht ein Computer Fehler?

Programmierer sind Menschen, und daher können ihnen Fehler unterlaufen. Computer sind Maschinen und sie entwickeln gelegentlich den einen oder anderen Fehler. Das Endergebnis ist in keinem dieser Fälle sonderlich nützlich.

Die in den Computer einzugebenden Informationen können durch einen zweiten Bediener überprüft werden, der eine Maschine benutzt, die man *Lochprüfer* nennt. Die ursprünglich gestanzte Lochkarte (oder der Lochstreifen) wird in die Maschine gegeben, und der die Prüfung durchführende Bediener versucht, unter Bezugnahme auf die Unterlagen, aus denen die erste Version vorbereitet worden war, eine zweite Version auszustanzen. Wenn die Lochkarten der ersten und zweiten Version übereinstimmen, so werden die Zeichen auf einer überprüften Karte ausgedruckt. Wenn sie nicht übereinstimmen, so wird die Tastatur gesperrt und der Bediener muß herausfinden, wo der Fehler liegt.

Ein Programmierer kann entweder einen Fehler machen, wenn er den Maschinencode schreibt oder wenn er die Situation falsch analysiert, auf der das Programm basieren soll. Fehler dieser Art sind sehr schwer zu finden, und der Prozeß der Fehlersuche und Fehlerbeseitigung heißt *Debugging*.

Schließlich besteht auch die Gefahr eines Maschinenfehlers. Bei den Ein- und Ausgabegeräten kann dem Code ein zusätzliches Zeichen hinzugefügt werden, so daß ein Fehler aufgedeckt werden kann. Innerhalb der Maschine können Fehler nur mit Hilfe von Testprogrammen aufgefunden werden, die jeden Teil des Computers überprüfen.

BILDSCHIRMGERÄTE IN AKTION

Bei einer üblichen Methode der Fehlersuche, die bei Computerspeichersystemen benutzt werden, wird ein zusätzliches Zeichen, das "Prüfbit", jedem codierten Zeichen hinzugefügt. Wenn das gespeicherte Zeichen eine ungerade Anzahl von binären Einsen (1) hat, so wird eine 1 hinzugefügt. Wenn eine gerade Anzahl von Einsen vorliegt, so wird eine 0 hinzugefügt. Jedesmal, wenn ein Zeichen gelesen wird, so wird die Anzahl der Einsen abgetastet und mit dem Prüfbit verglichen. Wenn sie nicht übereinstimmen, so wird der Fehler durch einen Alarm übermittelt.

ZEICHEN	PRÜFBIT
1101	1
0101	0
(1001)	1
Fehler	

Dieses Jahr, nächstes Jahr, irgendwann...?

Die Verwendung von Computern nimmt von Jahr zu Jahr zu, und ihr Design verändert sich fast ebenso schnell. Was vor fünf Jahren der neuste Stand war, ist heute überholt, und was heute besonders neu ist, wird in fünf Jahren wiederum ein alter Hut sein.

Abgesehen von ihren Anwendungsmöglichkeiten in Büros, in Banken, bei der Post, in technischen Einrichtungen und vielen anderen Arbeitsbereichen, werden die Computer heute zur Kontrolle von Raumfahrzeugen oder zur Aufsicht über die Arbeitsweise von Werkzeugmaschinen eingesetzt. Bei ihrem kommerziellen und wissenschaftlichen Einsatz werden die Informationen über die Eingabeeinheit in den Computer eingegeben und das berechnete Ergebnis wird auf dem Ausgabegerät dargestellt. Wenn er in Bereichen wie der Raumfahrt oder bei den Werkzeugmaschinen eingesetzt wird, so arbeitet er in "real time" (Echtzeit), das heißt, er wird dazu benutzt, um die wirkliche Bewegung eines Fahrzeugs oder der Schneidefläche eines Werkzeugs zu steuern.

Die Computer selbst verändern sich kontinuierlich. Es werden keine Elektronenröhren mehr benutzt; sie sind durch Transistoren und Dioden ersetzt worden, die weniger Strom verbrauchen, zuverlässiger sind und viel weniger Platz einnehmen. Gedruckte Schaltungen und Speicher werden immer mehr verkleinert, je mehr verschiedene Materialien auf ihre Verwendbarkeit hin überprüft werden. Viele tausend Komponenten können jetzt in Silikonchips eingepaßt werden, die etwa ein Drittel eines Quadratzentimeters einnehmen. In der Zukunft werden wir noch viel kompaktere Maschinen erleben, die eine noch größere Vielfalt an kniffligen Aufgaben für uns lösen.

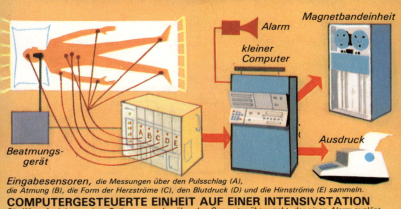

Eingabesensoren, die Messungen über den Pulsschlag (A), die Atmung (B), die Form der Herzströme (C), den Blutdruck (D) und die Hirnströme (E) sammeln.

COMPUTERGESTEUERTE EINHEIT AUF EINER INTENSIVSTATION
Die Körperfunktionen eines Patienten werden über den Computer überwacht, der einen Alarm auslöst, wenn irgendwelche Gefahren auftreten.

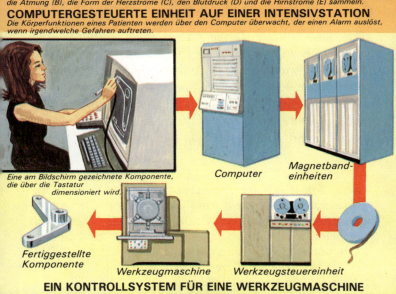

Eine am Bildschirm gezeichnete Komponente, die über die Tastatur dimensioniert wird.

EIN KONTROLLSYSTEM FÜR EINE WERKZEUGMASCHINE

EIN MIKROPROZESSOR

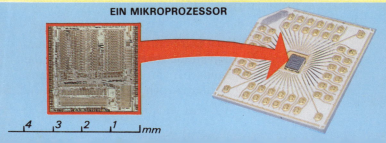

Glossar

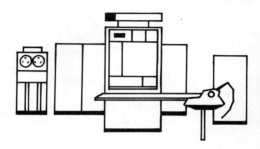

Wie viele andere Dinge haben die Computer eine eigene Terminologie oder einen Jargon entwickelt, und es ist wichtig, die besondere Bedeutung solcher Ausdrücke von anderen, üblicheren Bedeutungen zu unterscheiden, die sie vielleicht haben. Die nachfolgende Liste mit erläuterten Fachausdrücken ist daher möglicherweise zum Nachschlagen nützlich.

ADRESSE Die Computer speichern Zahlen und Befehle in ihrem Speicher. Der Speicher ist normalerweise in Speicherstellen aufgeteilt, und jede Speicherstelle enthält eine Zahl oder einen Befehl. Jede dieser Speicherstellen trägt eine Bezeichnung, damit man sich auf sie beziehen kann, unabhängig davon, welche Zahl oder welchen Befehl sie enthält. Diese Bezeichnung wird auch oft die "Adresse" der Speicherstelle genannt.

ZENTRALEINHEIT Der Teil des Computers, in dem alle Rechenoperationen durchgeführt werden.

FLUSSDIAGRAMM Ein Diagramm, das die wesentlichen Schritte in einer Rechenoperation anzeigt, insbesondere die verschiedenen Verzweigungen, die unter verschiedenen Voraussetzungen eingerichtet werden müssen.